马尔萨斯：人口论

[韩]金龙兆 著
[韩]黄基洪 绘
吕炎 译

经典经济学
轻松读

中国科学技术出版社
·北京·

Demography by Thomas Malthus
©2022 Jaeum & Moeum Publishing Co.,LTD.
㈜자음과모음
Devised and produced by Jaeum & Moeum Publishing Co.,LTD., 325-20, Hoedong-gil, Paju-si, Gyeonggi-do, 10881 Republic of Korea
Chinese Simplified Character rights arranged through Media Solutions Ltd Tokyo Japan email:info@mediasolutions.jp in conjunction with CCA Beijing China
北京市版权局著作权合同登记图字：01-2022-5734。

图书在版编目（CIP）数据

马尔萨斯：人口论 /（韩）金龙兆著；（韩）黄基洪绘；吕炎译 . -- 北京：中国科学技术出版社，2023.5
　ISBN 978-7-5046-9950-3
　Ⅰ. ①马… Ⅱ. ①金… ②黄… ③吕… Ⅲ. ①人口学—通俗读物 Ⅳ. ① C92-49
中国国家版本馆 CIP 数据核字（2023）第 037574 号

策划编辑	申永刚　陈　思		**封面设计**	创研设
责任编辑	陈　思		**责任校对**	张晓莉
版式设计	蚂蚁设计		**责任印制**	李晓霖

出　　版	中国科学技术出版社
发　　行	中国科学技术出版社有限公司发行部
地　　址	北京市海淀区中关村南大街 16 号
邮　　编	100081
发行电话	010-62173865
传　　真	010-62173081
网　　址	http://www.cspbooks.com.cn

开　　本	787mm×1092mm　1/32
字　　数	44 千字
印　　张	4.75
版　　次	2023 年 5 月第 1 版
印　　次	2023 年 5 月第 1 次印刷
印　　刷	大厂回族自治县彩虹印刷有限公司
书　　号	ISBN 978-7-5046-9950-3 / C・226
定　　价	59.00 元

（凡购买本社图书，如有缺页、倒页、脱页者，本社发行部负责调换）

序言

托马斯·罗伯特·马尔萨斯(Thomas Robert Malthus)是著名经济学家,200多年前出版了《人口论》这本著作。我们一直将马尔萨斯的《人口论》看作经济学领域的经典名作,但很多人却认为其读起来太困难和晦涩,因此将其视为只有经济学家、经济专家和经济学专业学生才能读的书,并远离该书。实际上,关于经典名著,马克·吐温有句话是:"'经典之作'是人人皆称赞却不愿去读的书。"

但如果你读了这本书，就会明白上述想法不过只是无谓的担心罢了。有两个人对《人口论》的评价之间的鲜明差异刺激了我们对这本书的好奇心：1882年，德国经济学家古斯塔夫·科恩（Gustav Cohn）将《人口论》评价为"迄今为止所有国家经济基础的重要自然法"；1938年，德国经济学家、社会学家维尔纳·桑巴特（Werner Sombart）则评价其为"世界上所有文献中最愚蠢的一本"。

虽然时代不同，但对同一本书有着如此不同的评价，让人很好奇两人中谁的评价是正确的。

本书让经济学家马尔萨斯亲自将《人口论》中的重要知识点总结出来，即使是孩童也能够听懂。

本书把人口问题、低出生率问题等以讲故事的方式呈现给大家，非常容易理解。

通过这本书，读者不但可以轻松学到相关经济学知识，还可以培养解决全球化经济中因人口问题衍生出的粮食不足以及因过度排放二氧化碳引起的气候变化等21世纪的严重经济问题的眼界和见识。

金龙兆

> 独家访谈 | 马尔萨斯

"古典学派经济学者的伟大成就"

大家好。今天,在1798年发表了《人口论》的马尔萨斯先生将给我们讲述有趣且令人受益的故事。那么,在开始之前,我们邀请了马尔萨斯先生作为采访嘉宾,让我们一起来听一听马尔萨斯老师的人生故事。

记者: 老师好。很高兴见到您。请先进行一个简单的自我介绍。

马尔萨斯： 很高兴见到你。我于1766年2月13日出生于英国。我是家里的第六个孩子，也是二儿子。我之所以出名是因为1798年出版了《人口论》。所以这本书向大家介绍了有关《人口论》的有趣故事。

记者： 您小时候是怎样的人？听说您的父亲丹尼尔·马尔萨斯（Daniel Malthus）是典型的英国绅士，是喜欢读书和讨论的当代怪杰？

马尔萨斯： 哈哈，你了解得很清楚啊。父亲从祖父那里继承了许多遗产，是地方上的知名人士，也就是英国绅士。他和卢梭（Rousseau）、伏尔泰（Voltaire）、大卫·休谟（David Hume）等当时的著名学者走得很近。

1800年父亲去世后,《绅士杂志》还将我父亲评价为"名副其实的怪杰"。他和卢梭一起去许多地方采集植物,也曾从卢梭那里收到了植物标本集作为礼物。和当时好奇心强的绅士们一样,父亲也非常喜欢读书和讨论,因此经常也将我选为谈话对象。虽然有点不好意思夸我自己,但应该可以说我从小就格外聪明吧?

记者: 那您的学生时代是什么样的呢?如果有喜欢的科目和印象深刻的大学生活,请您谈一谈。

马尔萨斯: 父亲为了让我成为神职人员,让我就读剑桥大学耶稣学院。我一边学数学,一边读伦理学、物理学、哲学等各方面的书籍,尤其沉迷于牛顿(Isaac Newton)的《自然

> **牛顿**
>
> 牛顿在《自然哲学的数学原理》中讲述了宇宙中所有物体间有相互吸引的力量,即万有引力,以及三种运动定律——惯性定律、加速度定律、作用和反作用定律。

哲学的数学原理》(1687)。

当时,熟悉我的人都说我是懂得用幽默和机智逗笑别人的"剑桥人"。

当时人们都把头发编得像"猪尾巴",而我却把金色卷发披在肩膀

上。当时大部分学生都往头发上抹白粉,只有我固执地抹粉色的粉。按照现在的话,可以说我是"粉色族"?从这一点上看,我走在了时尚前沿。

1788年,我以优异的成绩从数学系毕业,成为特别研究员。1791年取得硕士学位,成为英格兰国教会(圣公会)的神职人员。

记者: 您在《人口论》中主张晚婚以抑制人口。您也按照自己的主张而晚婚了吗?

马尔萨斯: 我于1804年,也就是38岁才在英国克莱伯顿和哈里特·埃克索尔结了婚,此后不到3年就生了2男1女。虽然也有人以此来讥讽我,但是我认为作为神职人员,不结婚和不生孩子就违背了教义。虽然不是故意的,但是我践行了自己提倡晚结婚的主张。可惜剑桥大学规定结婚后必须离开学校，所以我最终离开了剑桥大学。

记者：您是怎么成为政治经济学系教授的呢？

马尔萨斯：1805年，得益于《人口论》的口碑，我成为英格兰海利伯里学院的教授。当时，东印度公司代替政府管理殖民地业务，海利伯里学院专门负责为东印度公司培养人才。在这一过程中，我和一位负责历史、政治、商业等的英国首位政治经济学教授一起成为英国最早的职业经济学家。当时，还没有大学开设有关政治经济学的讲座。

记者： 除了《人口论》，您还有哪些著作呢？

马尔萨斯： 晚年写了几本包括《政治经济学原理》（Principles of Political Economy）在内的书和小册子。其中《政治经济学原理》是为资本主义社会中的地主做辩护，帮他们应对资本家的进攻。

工人虽然有消费的意向，但能力不足，资本家有能力，但为了积累资本而没有消费的意向，而消费不足会导致生产过剩的经济萧条。因此，我主张兼具消费能力和意向的地主阶级的消费活动才是拯救资本主义的有效手段。

记者： 听说您生前和大卫·李嘉图（David Ricardo）关系很好？还听说您和李嘉图先生有

不同的主张，具体是什么呢？

马尔萨斯： 大概在1811年，我给李嘉图写了第一封信。此后，我和李嘉图成了讨论对象和挚友。主要通过书信或登门拜访的方式，我和李嘉图的讨论一直持续到1823年他去世。但事实上，没有人会比我和李嘉图的职业和背景更差异巨大了。

> "亲爱的马尔萨斯，我的生命就要走到尽头了。虽然其他辩论者可能也是这样，但我们在大量讨论中仍然坚守了我们自己的意见。但是这种争论绝对不会影响你我的友情。即使你同意了我的意见，我也不会比现在更喜欢你。"
>
> ——致马尔萨斯的最后一封信（1823年8月31日，李嘉图去世前11天）

马尔萨斯：李嘉图是从荷兰移民到英国的犹太人企业家（银行家）的儿子，而我是英国中上层阶级的绅士的儿子。李嘉图从14岁起就开始帮助他的父亲做生意；22岁时，他用从父亲那里继承的800英镑资金开始独立做生意；26岁时他已经济独立；1814年，他42岁时，攒下50万到160万英镑后退休。

相反，我一生都在大学里专心做学问研究。但是，很奇怪的是，对现实世界更感兴趣的人是学术型的我，呈现出理论家面貌的人是企业家李嘉图。李嘉图对看不见的法则很感兴趣，而我更关心法则究竟是否适用于现实。

而且李嘉图虽然本身是地主，但是他反对地主利益，拥护企业资本家的利益，与之相反，我虽然收入不高，但却拥护富裕的地主阶级的利益,这是我们之间的巨大区别。

记者: 马尔萨斯老师,您去世后,您的墓碑上刻有这么一段话:"悼念尊敬的托马斯·罗伯特·马尔萨斯先生。他很早就写下了有关政治经济这一社会科学领域的光辉著作,特别是《人口论》。"可见您的作品对人类意义重大,对此您有什么看法?

马尔萨斯: 有关《人口论》对世人产生的影响,我们将在这本书中来学习。我预测了可能会发生的生产过剩所引发的危机,我是第一个提出有效需求不足会引发危机的经济学家。后来,我的观点被达尔文(Darwin)、马克思(Marx)、凯恩斯(Keynes)等人继承发展。我非常自豪于我的学问给后世伟大学者提供了灵感。

以上是对马尔萨斯老师进行的简短访谈。现在,就让我们开始正式学习吧!

目录

第一章 《人口论》的诞生 / 1

始于英国的工业革命 / 5

反对葛德文和孔多塞的乐观主义 / 14

《人口论》问世 / 18

扩展知识 | 马尔萨斯的《人口论》 / 23

第二章 《人口论》的假设及抑制人口的方法是什么 / 27

比起粮食,人口暴增 / 29

抑制人口项目 / 35

扩展知识 | 大米经济学 / 43

第三章 《人口论》给人类社会带来了什么影响 / 51

连续攻击《人口论》/ 53

我有哪些"遗产" / 62

残忍的非人性 VS 另一种人间爱 / 70

受《人口论》影响的人们 / 72

第四章　与李嘉图关于《谷物法》的论争 / 81

《谷物法》论争的时代背景 / 83

马尔萨斯和李嘉图，最后的胜者是谁 / 86

第五章　低出生率的现实问题是什么 / 101

为什么低出生率的问题比人口过剩更严重 / 103

了解一下韩国的低出生率问题吧 / 106

扩展知识 |《增长的极限》/ 116

结语　马尔萨斯的悲惨预言有效吗 / 120

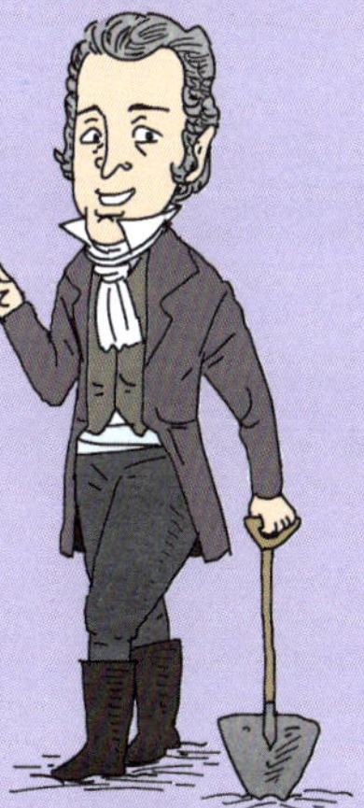

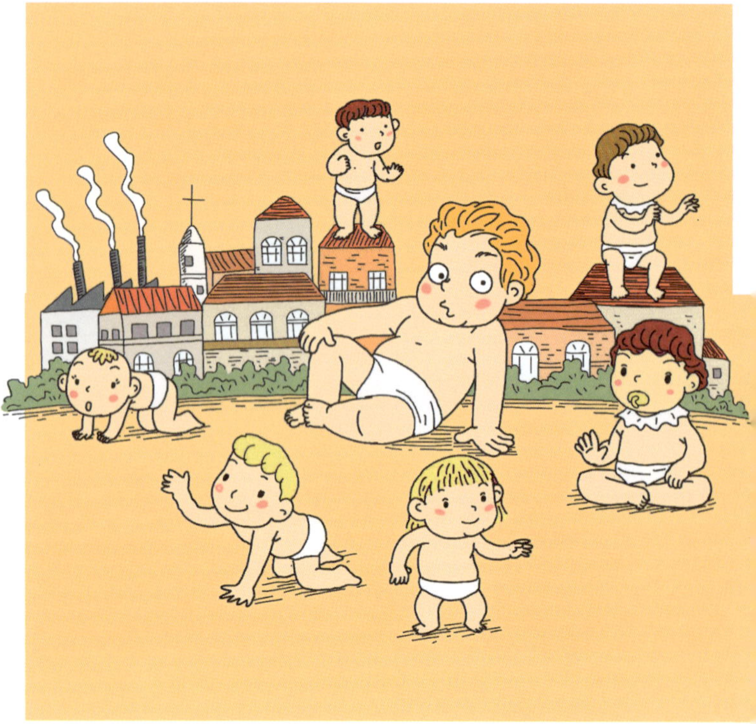

第一章

《人口论》的诞生

　　每个人都有生存的本能。饿了就得吃，困了就得睡，冷了就得取暖。但是生存所需的资源是有限的。那么，如何才能很好地分配这些不足的资源呢？我们怎么才能过上幸福的生活呢？解决这种苦恼正是"经济"的出发点。

在18世纪后期，马尔萨斯生活的英国因工业革命开始急剧变化。大多数经济史学家认为工业革命正式开始于1775年到1780年这个时期内。当时英国还是一个农业国，生产工具简单，技术水平低下。即使在大家熟知的"经济学之父"亚当·斯密（Adam Smith）出版《国富论》的1776年，英国也还不是近代产业国家。

> 工业革命是指18世纪中叶始于英国的技术革新以及随之展开的社会、经济结构上的变革。

随着工业革命正式步入成熟阶段，工厂的生产技术得到发展，商品得以大量生产，铁路等运输手段也开始发达，可以比以前更有效地集中和分配资源。随着银行业的发展，工业企业可以更容易地获得建造工厂、生产产品所需的费用，农业生产力也得到极大提高。

那么，英国人民因为工业革命变得富裕和幸福了吗？不幸的是，事实并非如此。

随着工业革命进程逐渐加快，开始出现贫富差距、物价上涨及失业等各种严重的社会问题，人口也开始快速增长。目睹这种变化的马尔萨斯在《人口论》中主张，如果不适当地限制人口的增长，不久的将来，人类将面临巨大的社会问题。在学习他1798年发表的《人口论》之前，让我们先来仔细了解一下工业革命。

始于英国的工业革命

工业革命是指18世纪60年代以后，随着人们正式开始使用机器生产而发生的巨大社会变化。那么，工业革命让社会逐渐发生了怎样的变化呢？

以前主要以小规模进行农业生产和运营的小农场，开始逐渐变为大农场，使农业产量开始大大提高。另外，随着以城市为中心的工业化进程加快，原本在农村务农的人开始涌向城市，使城市人口急剧增长。人们为了维持生计，开始积极去工厂或其他单位找工作。这样一来，城市里拥有生产资料的资本家就可以用低工资雇用工人，涌向城市的人口就这样沦为了低廉劳工。

随着各种机器的发明，城市里的工厂制度逐渐完善起来。工业革命之前，工厂里的机器和操作机器的人一起工作，但随着机器工作在工厂生产过程里的占比大幅增大，工厂开始以机器为中心运转。工厂投入了大量资金，增设了大量机器，也就出现了像今天这样的大工厂。

随着这样的变化，长久以来的身份制度逐渐被改变了。

与过去按照主人和奴仆的划分形成的统治者和被统治者的关系不同，如今有了资本家和被雇用的劳动者这种新型关系。在过去，身份与个人意志无关，自出生起就被定好了，但是工业革命之后的身份是根据合同而重新产生的，并且以资本家和工人阶级为主的资本主义身份制度经过工业革命越来越稳固了。

从棉纺织业开始逐渐发展起来的工业革命，逐步扩大到炼铁、机器制造和煤炭产业。另外，随着将生产产品所需的原料运到工厂以及配送产品的需求增加，运输和交通也逐渐发达起来。特别是随着英国棉纺织业的发展，工业革命的进程有了大幅发展。

但是，英国为什么能够率先开展工业革命呢？

英国很早就开展了面向世界的贸易，积累了资本，并拥有了殖民地。通过殖民地统治，英国不仅容易获得生产产品的原料，也能够确保广阔的消费市场。而且，英国地下资源丰富，市民革命①后政治稳定，这些都为工业革

---

① 指1640年的英国革命，主力为资产阶级占主体的广大市民阶层。——编者注

> **行会**
> 是指在欧洲的多个城市里，由工商业者组成的各行各业的组合。行会控制产品的质量和价格等，在销售、营业等方面拥有垄断性的权利，排斥自由竞争，限制个人的自由经济活动。

命奠定了基础。

英国直到18世纪初还主要是从印度进口制作衣服所需的棉织品，但随着棉纺织工业的发展，英国摆脱了行会组织的制约。比起生产羊毛，生产棉织品更容易机械化，更重要的是很容易从新大陆获得原料。因此，棉织品工业领域率先实现了技术革新。

1720年，英国禁止销售印度产高级织品，这样一来就得以提高英国国内棉织品的销售量，推动棉纺织业的发展。英国人重点以西印度群岛的棉花为原料生产棉布。这种手感柔软的棉布既结实又能吸汗，深受人们的喜爱，出口量也逐渐增加。

运往港口的印度产原棉

到了18世纪60年代，英国利用原本制作毛织物时使用的飞梭来制作棉织品，使得棉布的生产率大幅提高。后来，生产棉布的原料——棉纱不足，资本家又不得不发展纺纱技术并发明新的机器。

1746年，纺织工人兼木匠——哈格里夫斯（Hargreaves）发明了珍妮纺纱机；1769年，阿克莱特（Arkwright）发明了水力纺纱机；1779年，曾为纺纱工人的克朗普顿（Crompton）发明了走锭精纺机。英国原本从印度进口棉织品，现在使用走锭精纺机制造了又细又不易断的高品质棉纱，反而开始出口到东方。

随着纺纱机技术的快速发展，1769年，瓦特（Watt）重新改良蒸汽机并开始运用于纺织业。起初，纺纱机以水为动力，工厂也因此建在水边。但是将江水引入工厂的过程倍受限制，而且那种地方交通也不便利，存在很多困难。于是由于需要动力的地方越来越多，瓦特发明了蒸汽机。

纺纱机以蒸汽机为动力后，生产效率突飞猛进。人们意识到，有了瓦特的蒸汽机，只要有煤炭，哪里都能建造大工厂。结合走锭精纺机和蒸汽机的应用，这成了在有市场的城市建造纺织工厂的契机。1830年，借助这种机械化的力量，英国棉织品的销售额占总出口额的50%以上，此后甚至到了80%。

> **蒸汽机**
> 是指利用锅炉中产生的水蒸气的热能，使活塞往返运动，以此获得动力的装置。1705年，瓦特改良了纽科门的发明。但由于其体积大，会占据较大的场地，所以现在只在小型船舶和火车等部分地方使用。

另外，由于机械化的发展，商品被大量生产，也就开始需要能够快速且远距离运输物品的交通工具。19世纪初，英国的史蒂芬森（Stephenson）发明了蒸汽机车，1830年于利物浦和曼彻斯特之间通车。之后，各处修建了铁路，交通逐渐快速发展起来。

关注到英国快速发展的周边国家也逐渐开始发明新的机器，正式推进了工业化的发展。

始于棉纺织业的机械化逐渐扩展到毛织品、金属加工业，并逐渐谋求商业领域的发展，形成了近代的金融制度。

由于工业革命，1850年至1914年，英国的人均实际收入增长了约2.5倍，1914年，英国成为欧洲生活水平最高的国家。

但是，正如前文所说，工业革命虽然引领了社会快速发展，但同时也造成了各种问题。18世纪末和19世纪初，英国处于快速变化的时期，许多社会、经济问题完全没有得到解决。在描述当时社会面貌的书中，许多描写了在杂乱的工厂里长时间工作的少男少女的面貌。

英国作家查尔斯·狄更斯（Charles Dickens）1837年发表的《雾都孤儿》（*Oliver Twist*）中，很清晰地呈现出了这种社会状况。

《雾都孤儿》的主人公奥利弗在孤儿院饱受虐待，长大后逃离孤儿院却又误入伦敦的盗窃团伙，即使经历了种种困难，他也没有失去善良的心，最终成为已逝父亲的朋友的养子。

　　这部作品的背景是19世纪初英国的大都市伦敦的社会状况，在资本主义缓慢萌发的时期，各阶层的贫富差距巨大。这是工业革命导致的物质万能主义带来的结果。工业革命虽然给人类带来了令人震惊的便利，但同时也带来了无形的黑暗面。

　　就在查尔斯·狄更斯写《雾都孤儿》这本书的年代，包括英国在内的欧洲大部分地区对工人都有大量的需求，甚至妇女和儿童也受到恶劣劳动环境的折磨。当时的政府是无法控制动荡局势的无能政府，不仅放任不管，反而推动这样的事情继续发生。查尔斯·狄更斯为了批判这样的社会矛盾，写了《雾都孤儿》这本书。

反对葛德文和孔多塞的乐观主义

当时人们认为人口越多越好。例如，英国的经济学家威廉·佩蒂（William Petty）主张"人口少就意味着贫困"，并发展了人口越多越好的人口乐观主义思想。但是到了18世纪90年代，呈现出了不一样的局面。

由于工业革命，出现了有史以来从未有过的大量失业者，贫富差距扩大。而且，进入19世纪后，欧洲人口爆发式增长，原本认为大量的人口可以

威廉·佩蒂

重农主义的先驱，主张劳动价值论，并在《政治算术》一书中试图对社会经济进行统计说明。另外，他对亚当·斯密的分工论产生了较大影响。

带来大量财富的观念开始发生变化。

1800年欧洲人口是1亿9000万人，1900年增长到了4亿2000万人。特别是出现了大量为了找工作而从农村涌向城市的新工人，城市里到处都是失业者、不熟练的工人和贫民。城市人口在不具备下水道和自来水管道等卫生设施，以及居住设施也很恶劣的情况下剧增，狭窄的城市街道上遍布垃圾，散发着恶臭。公共卫生糟糕，找不到工作的不熟练劳工和失业者频频饿死。于是，人们产生了疑问，在这样人口超负荷的状况下经济究竟能否正常发展？

当时英国的知识分子是如何对这种发展进行预测的呢？

当时有影响力的知识分子对社会持有非常乐观的态度。英国的政治哲学家威廉·葛德文

马尔萨斯：人口论

（William Godwin）就是其中的代表人物。他于1793年发表了《论政治正义及其对道德和幸福的影响》（简称《政治主义论》），主张"人类是完善的，至少能永远发展"。

葛德文主张人性本善，人类可以通过自己的理性和科学的发展而逐步完善。人类痛苦的根源是糟糕政府制定的满是缺点的制度以及其建立的各类不作为的机构。最终，他将资本主义制度视为一大问题。

葛德文认为，人类可以用理性抑制本能，使自己的寿命无限延长。而且，他主张人类追求肉体的快乐是因为不了解更高的知识快乐，因此没有必要采取过激的政策，只要通过教育让他们理解，最终"就会消除疾病、苦恼、忧郁和愤慨，所有人就都只会追求人类的幸福"。

另外，法国的数学家和哲学家孔多塞（Condorcet）在1793年发表的《人类精神进步史表纲要》中主张，随着科学技术的发展，粮食逐渐增加，人们理性判断后会决定不再增加人口，人口增长得到遏制，从而就能实现人类的幸福。

这种对社会的乐观看法，给因工业革命引发的失业、生活水平问题、物价问题以及因不公平而痛苦挣扎的市民带来了希望。

《人口论》问世

马尔萨斯的父亲丹尼尔·马尔萨斯也对社会持有乐观态度，但是他对此并不赞同。于是，他父亲劝马尔萨斯把他的主张写成一本书。

1798年，他匿名出版了《人口论》第一版。

这本书原来的题目是《论影响社会改良前途的人口原理,以及对葛德文先生、孔多塞先生和其他作家推测的评论》,这就是后来为世人所知的《人口论》。

《人口论》原版封面

工业革命时,随着穷人数量的增加,富裕的地主背负着巨大的财政负担,因为他们还得养活穷人。针对这一点,马尔萨斯这个无名的年轻牧师提出了解决方案。该解决方案正是《人口论》中的理论。

大家知道《人口论》是如何出版的了吧?可以说是在与父亲争论人口暴增问题的气头上,马尔萨斯写下的这本书。

但是他为什么产生了与当时的主流知识分

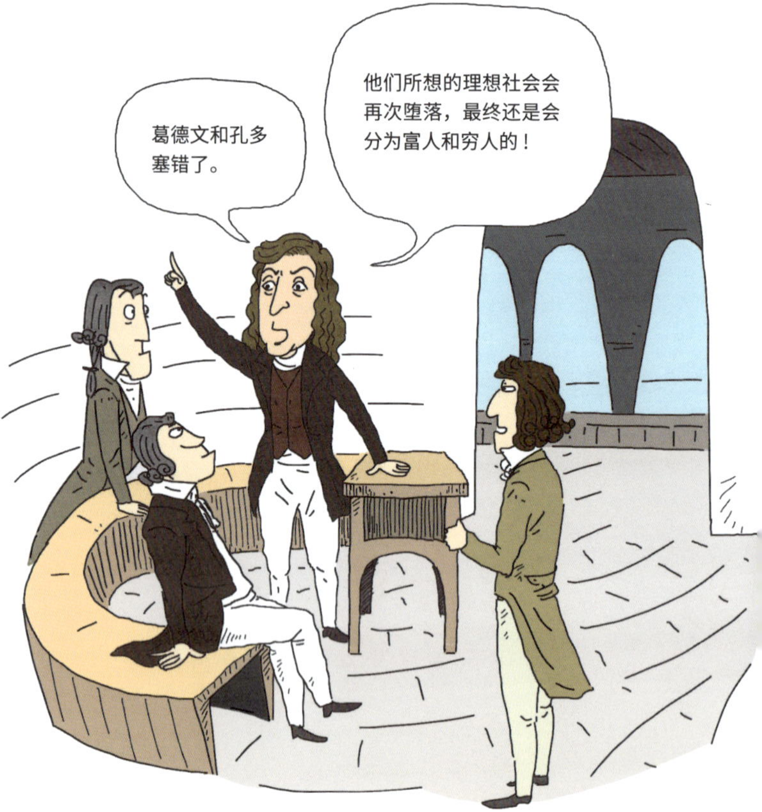
葛德文和孔多
塞错了。
他们所想的理想社会会
再次堕落，最终还是会
分为富人和穷人的！

子不同的看法呢?

马尔萨斯其实是富人的拥护者。为了能有为富人辩护的理论武器,在1798年他出版了《人口论》第一版。

《人口论》反对葛德文和孔多塞二位的思想。事实上,《人口论》第一版出版后能够取得成功,也是因为攻击了在英国知识分子中人气火爆的他们,所以从一开始就受到了广大读者的关注。当然了,他并非为了博眼球才故意批判二位的。

那么《人口论》的主张是什么呢?

《人口论》的重要观点如下。

第一,即使改革家能够改善资本主义的各种缺点,通过企业经营积累财富的富裕资本家阶级和贫穷的工人阶级构成的阶级结构也不会消失。而且，马尔萨斯认为这种阶级构成是自然而然的结果，即使发展出了葛德文和他的追随者们认为的最理想化的社会，也会随着时间的推移再次堕落为我们现在所处的阶级社会。

第二，悲惨的贫困和痛苦是所有社会中大多数人的命运。而且，马尔萨斯认为任何试图缓解贫困和痛苦的尝试都是徒劳的。

他说过："我们应该批判治疗人类痛苦的特定方法，即认为要完全消除混乱来服务人类，这是种虽然慈悲但是错误的想法，我们也应该批判持有这种想法的人。"

第三，马尔萨斯认为贫困的原因不在于社会制度，而是自然法则作用的结果。

> 扩展知识

马尔萨斯的《人口论》

马尔萨斯于1798年出版《人口论》第一版后,又于1803年出版了《人口论》第二版,此后直到1826年一共出版了六版。在第一版出版后,马尔萨斯开始了前往各地的旅行,致力于收集能够支持自己主张的证据。因此,在第二版和之后的几版中,《人口论》更加详细。

当今通用的《人口论》的版本是在第二版基础上的修订版。第一版和第二版有很大差异。其差异主要体现在以下几个方面。

第一,第二版是用作者真名出版的。

第二，第二版丰富了历史事例的收录，增加了其理论的分量。

第三，第二版开始主张晚婚，修正了第一版中过于悲观的世界观。

第四，第二版将书名改为《人口的原理，或关于过去及现在对人类幸福影响的见解；以及有关我们将来消除或减轻由此而引起的灾难前景的研究》。

而且，第二版之后并没有再做出什么重大修改，第一版中提到的"人口在不受限制的情况下会以几何级数增加"，在第六版中几何级数被修改为级数（progressions）。

没有工作岗位了吗？
要被踩死了！
没关系。人类是完善的，所以都能够自主解决！
葛德文
对喽。借助科学和理性的力量，人类会变得幸福的。
孔多塞
看起来很困难。贫困是自然法则，人类无法阻止。
你是谁？
我是马尔萨斯牧师。
富人和贫民的阶级构成绝对不会消失。贫困是命运。
挺新颖。
地主
呸！
贫困阶层

熙熙攘攘

第二章

《人口论》的假设及抑制人口的方法是什么

大多数理论都以假设为前提,《人口论》也不例外。在这一章,让我们一起来了解一下书中的假设以及抑制人口的方法。

比起粮食，人口暴增

这一章让我们来了解一下《人口论》的假设及其主要内容。

《人口论》中假设"由于人口的增长比粮食的生产快得多，人类的进步会永远受到制约，这些问题的根源有如下两个原因"。

第一，粮食是人类生存的必需品。

第二，通过男女结婚，有新生儿持续诞生。

在此基础上，主张"人口以几何级数增长，粮食生产却符合收益递减律，只能以算术级数增长"。

但是否感觉"几何级数"和"算术级数"很难理解？那么，在正式了解《人口论》之前，先学习一下下面的内容吧。

几何级数，即等比级数，是指从某个数开始，依次乘以固定的数得出的数字。例如1，2，4，8，16…也就是从第二个数字开始用前一个数一直乘以2。

相反，算术级数，即等差级数，是指从某个数开始，依次加上固定的数得出的数字。例如1，3，5，7，9…也就是从第二个数字开始用前一个数一直加2。

马尔萨斯认为，人口以1，2，4，8，16，

32，64，128，256，512…这样的几何级数的速度增长，相反，粮食以1，2，3，4，5，6，7，8，9，10…这样的算术级数的速度增长。

要不要再简单解释一下？

哲洙为了观看从1月1日到1月21日的棒球比赛，每天找英姬借电视。作为回报，哲洙约定比赛期的21天内，每天加倍支付给英姬钱。

也就是，哲洙从1月1日支付1元开始，1月2日支付2元，1月3日支付4元，1月4日支付8元。不知道是英姬太聪明还是哲洙太有钱，但估计到棒球比赛结束的1月21日那天，哲洙大概要后悔死了。因为那一天哲洙要支付给英姬足足1048576元。

可见，以几何级数增长的威力巨大。

那么,我们将此与人口和粮食问题结合起来谈谈吧?假设初始人口数为1,粮食产量为1袋米,每25年增加一倍,并且假设最初每人分1袋米。

我以几何级数的方式计算,100年后人口增长了16倍,200年后就增长了256倍。相反,粮食产量以算术级数增长,100年后只能产5袋,200年后只能产9袋。即200年后256人要分9袋米。再过100年,人口增加至4096人,而只有13袋米,差距越来越大。在有限的条件下,无论再怎么努力务农,有产量限制的土地也无法满足所有人的温饱。

比起粮食以算术级数增长,人口以几何级数增加会是更大的问题吧?

假设在土地、资本和劳动这三个生产要素

中，土地和资本都是固定的，只增加劳动的投入量，在这种情况下，到了一定的节点后，追加的产量就会持续减少。经济学上称之为收益递减律。收益递减律是指，在有限的土地上追加投入劳动，生产量的增量反而会减少。

如是内容在《人口论》中被解释为"人口增加的数量总是比粮食生产量大"，即如果人们不降低出生率，就会导致人口的暴增。这种预言对当时的人们来说是非常恐怖的。

那么，这种预言的依据是从何处获得的呢？依据美国开国元勋之一的本杰明·富兰克林（Benjamin Franklin）提供的资料——人口每25年就增长一倍。

其资料显示，人口的增长速度可能会更快，但是考虑到时代状况，才说是25年。其前

提条件是，假设平均每个六口之家中有2人在达到适婚年龄之前就去世。

实际上，在富兰克林看来，有些村庄的人口每15年就会增加一倍，虽然粮食供应增长率没有可靠的数据，但按照常识，粮食供给绝对跟不上人口的增长，如果不晚婚，不抑制人口增多，就可以预想到虽然人口以几何级数增长，粮食产量却只是以算术级数增加。

前文中说到，256人要分只够10个人吃的米，这意味着大部分人都会饿死。

面对这样可怕的人类未来，任何人都会意志消沉吧？

抑制人口项目

那么，如何克服这种糟糕的状况呢？《人口论》有如下两个研究目标。

第一，了解阻碍人类幸福发展的因素是什么。

第二，确认今后是否有排除这些因素的可能性。

以此为基础，马尔萨斯提出了有关人口的三个主张。

第一，人口受生活必需品数量的限制。

第二，如果不大力抑制人口，人口就会随着最低工资的上升而增加。如果工人的工资大幅上涨，工人就有能力生养更多的孩子，随着时间的流逝，这些孩子就会又回到劳动力市场上。

这最终会增加劳动力的供给，从而降低工资。因为存在过剩人口，工资就会持续降低，最终会降低到维持最低生活水平以下。这样一来，劳动者就会被疾病和饥饿折磨，导致劳动供给减少，工资会再次回落到最低生活水平。也就是说，上调工人工资最终只会引发更大的灾难。

第三，抵制人口有预防性抑制和积极性抑制两种方法。那么，让我们来详细了解一下预防性抑制和积极性抑制吧。

预防性抑制就是事先抑制人口增长。代表性的方法就是主张推迟男女结婚年龄。预防性抑制实际上提到了降低出生率的所有方法。但是，实际上，本应该晚婚的贫民阶层反而往往会尽快结婚，所以预防性抑制政策无法达到效果。马尔萨斯认为要想抑制贫民阶层的人口增长，积极性抑制方法更有效。

但是积极性抑制方法意味着悲观情况的出现。因为积极性抑制方法是指提高儿童的死亡率和增加饿死的人数。具体有战争、天灾、饥饿、传染病等人类难以想象的手段。

《人口论》对此表述如下。

饥荒似乎是大自然为了保护自己而使用的最后也是最致命的手段。由于人口增长率超过了生产养活地球上人口所需的粮食的能力，即生产力，所以人类无论通过何种方式，都只能迎来过早的死亡。

人类无法自行调节人口的这一缺陷是减少人口的最佳手段。它是承载人口减少任务的大规模屠杀部队的先锋，它可以自行完成这可怕的任务。但是，如果失败，那么接下来流行性传染病等支援部队就会以猛烈的速度进攻，瞬间夺走数以万计的性命。如果未完成任务，大规模饥荒将不可避免地随之而来，因此，人口将一下子降到适应粮食产量的水平。

他虽然认为除非采取招致不幸的积极性抑

制方法，让这些不幸陆续到来，否则无法解决人口问题，但也可以通过其他方法暂时缓解。

积极性抑制有两种方法。

第一，主张完全废除1795年以来实施的《伊丽莎白济贫法》（简称《济贫法》）。如果贫民的生活变好，就不会担心未来的生活，就会结婚，然后导致人口增长，因此，如果推迟他们的婚龄，就能减缓人口增长的速度。

> **《济贫法》**
> 为了帮助没有生活能力的人和穷人而制定的法律。该法律是基督教温情主义伦理的产物，主张穷人无论有没有工作，都有享受最低生活水平的权利。教会和修道院的各个教区（Parish）都设立了收容所，聚集贫民，给他们工作，给他们钱和粮食。也有人评价说，这是禁止贫民流浪，强制他们去工厂劳动，对初期企业资本主义时代雇佣劳动力的出现做出了贡献。

第二，补贴新土地的耕作，促进牧场转为农耕地。我认为通过这种方法可以增加粮食供给，进而间接解决人口问题。但是这两个对

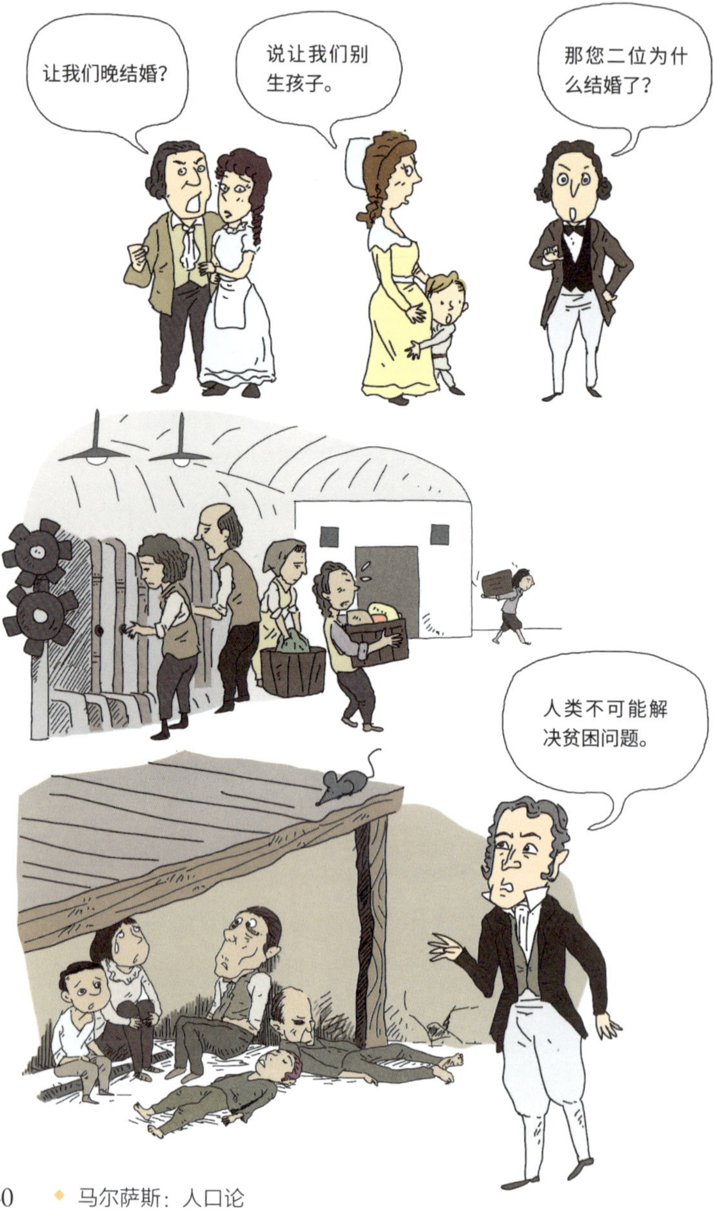
让我们晚结婚？
说让我们别生孩子。
那您二位为什么结婚了？
人类不可能解决贫困问题。

策也不过是权宜之计，并不能完全解决人口问题。

因此，在《人口论》第二版中追加了"道德抑制"这一抑制人口的方法。在文明社会寻求人口和粮食平衡的最佳办法就是降低出生率的这种道德抑制，即主张在有相应的经济能力之前不结婚（晚婚）。

根据《人口论》，由于人口增长总是比粮食供给增长得快，所以人类进步总是倍受限制。

对于这种悲观的结果，托马斯·卡莱尔（Thomas Carlyle）将经济学称为"阴暗的学问"（the dismal science），葛德文则批判其为"试图破坏人类希望的暗黑的可怕恶魔"。另外，马尔萨斯收到的抱怨还有"让数百名相信人类进步的同伴转变为了反动主义者"。

以研究马尔萨斯而出名的来自英国的博纳尔（James. Bonar）在《马尔萨斯和他的成就》（*Malthus and His Work*）一书中甚至写道："亚当·斯密留下了即使万人称赞也没有人读的书，而马尔萨斯留下了真真正正没有人读，但是人人痛骂的书"。

针对马尔萨斯的这些观点，有人认为，支撑生存的土地不足才是经济问题的根源所在。但也有人怒斥这种观点，声称这暴露了帝国主义者试图合并人口少的未开发地区的野心。

大家所想的人口抑制方法和他所想的人口抑制方法相似吗？还是不同呢？

大家觉得马尔萨斯人口抑制的方法残忍吗？真的吗？

扩展知识

大米经济学

几乎没有像最近这样因大米供给过剩而令人担心的情况。因为虽然供给增加,但是需求减少了。也就是说,虽然生产量增加了,但是消费在减少,所以必然会出现供过于求的现象。

在过去的两年里,韩国的大米供给不断增加,而需求持续减少。韩国连续两年迎来史上最大的丰年,生产量从2008年的441万吨激增至2009年的484万吨,再到2009年的492吨。尤其是由于天气好,生产率高的品种得到普及,耕作方法也越来越好，所以1000平方米土地的生产量在2009年甚至提高到了520千克，2010年提高到了534千克。另外，推迟关税化的同时，从外国义务性地进口的大米在2010年是32万7千吨，每年要增加2万吨。

相反，人均大米消费每年持续减少2%左右。2008年大米消费量是506吨，到了2009年减少到了482吨。尤其是中断了每年对朝鲜40万吨大米的支援也直接导致了消费减少。韩国国民每人每年吃的大米在2008年是75.8千克，2009年减少到了74千克，2010年减少到了72.4千克。也就是说，即使除去库存和进口量，生产量也超过了消费量。

所以，实际情况就是全国的大米储存仓

库中都库存过剩。2010年韩国大米库存是140万吨，是世界粮食及农业组织（FAO）建议的适当库存（72万吨）的两倍，美国农业部预测2011年库存将达到164万吨。照此下去，今后每年都将有40万吨的过剩库存。

从粮食安全层面来看，无论如何不能放弃大米的生产。

> 粮食安全是指为了所有国民都能健康生活，始终保持粮食充足。

2008年发生农业通货膨胀（农产品价格上涨导致的物价上升现象）时，粮食自给不足的国家一度发生混乱。如果收成不好，供不应求，国际米价就会上涨两三倍，那时将经历的痛苦和混乱无法与大米过剩问题相比较。另外，为了稳定，也要维持粮食生产能力，从这一点来

大米生产量和库存量的变化（单位：吨）

年份	单人消费量(kg)	生产量	库存量
2007	76.9	468吨	70吨
2008	75.8	441吨	68吨
2009	74.0	484吨	100吨
2010年推测	72.4	492吨	140吨

产地大米价格变化（单位：韩元/kg）

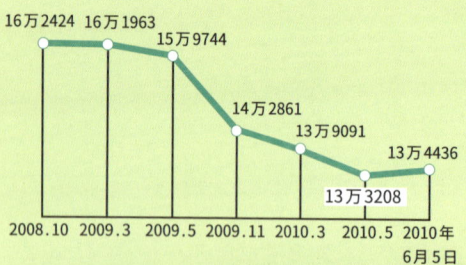

2008.10	16万2424
2009.3	16万1963
2009.5	15万9744
2009.11	14万2861
2010.3	13万9091
2010.5	13万3208
2010年6月5日	13万4436

资料来源：韩国统计厅、韩国农林水产食品部、美国农业部

韩国年度大米生产量、库存量、产地大米价格变化

看，也不能盲目减少大米生产。

那么，作为提升大米供求稳定的政策，要不考虑重新向朝鲜支援大米？从人道主义角度来看，恢复对朝鲜粮食支援似乎更好。

如果把韩国国内剩余的大米支援给朝鲜民众，不仅对朝鲜的粮食问题有所帮助，还可以节省韩国国民每年浪费在大米仓储费上的数千亿韩元的税金，也可以减轻因米价暴跌而饱受痛苦的农民们的负担。

我的人口论是假设比起粮食增加的速度，人口暴增的速度更快。
人口增加，粮食产量却跟不上，其结果会怎样？
会饿死！
如果这是事实，就不能坐以待毙。不管用什么方法……
首先要抑制上调工人工资。因为如果钱多，人们就会生养更多的孩子！
另外，要提倡晚婚……
您在开玩笑吧？
放任饥饿、疾病、战争等，强制增加死人，也是个好办法。
都是命运！
饿了三天了。给点儿钱吧……
天呐！这是恶魔的理论。
托马斯·卡莱尔
我的方法残忍吗？

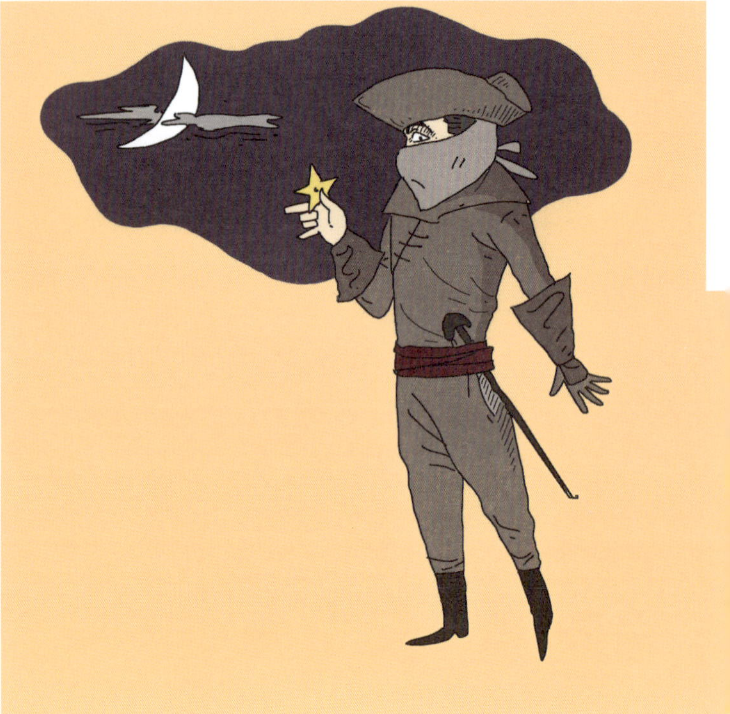

第三章

《人口论》给人类社会带来了什么影响

根据当时的时代状况和个人的社会政治利害关系，任何主张和理论都有人接受，有人批判。《人口论》也不例外。这一章我们来了解一下，《人口论》的哪方面主张受到了批判，以及《人口论》给人类社会带来了什么影响。

连续攻击《人口论》

我们通过第二章了解了《人口论》的主要内容和抑制人口的方法。大家可能能感觉到,那些理论主要基于对人类的不信任,和对人类发展的悲观想法,大家怎么看待这种理论呢?

现在,让我们具体地了解一下《人口论》的哪些观点受到了批评吧。

54 ◆ 马尔萨斯：人口论

《人口论》最初出版时，引起了轩然大波。上流社会的人非常支持这一理论，与此同时，马尔萨斯也被批评为是压迫贫民的冷酷无情的人。批判内容如下。

第一，是《人口论》的独创性问题。大部分的思想必然有先驱者，《人口论》也不能说只包含了我自己的独创思想。

沃尔特·雷利（Walter Raleigh）已经指出过战争和疾病是抑制人口的手段，马修·黑尔（Matthew Hale）也在1677年提到通过疾病、饥饿、战争、洪水、火灾等灾害抑制人口。

而且，罗伯特·沃利斯（Robert Wallis）1753年也曾指出："每一代人口没有翻倍增加并不是因为没有多产的能力，而是因为人类贫困的环境。"大卫·休谟主张道："两性之间的情

马尔萨斯：人口论

欲和随之而来的人口增加带来的影响比我们普遍认为的要大得多……如果粮食问题很容易解决，且不存在现有国家中存在的限制，在殖民统治继续的情况下，人口每一代会增加两倍以上。假如像我们所期待的那样，一切都是公平的，且存在最大化的幸福、美德和最明智的管理，人口就会急剧增加。"这和《人口论》的内容相似。

所以，《人口论》并非是基于个人独创的想法。但是，这些先驱者的想法未能大放异彩，马尔萨斯的理论之所以能与此相反的备受瞩目，不仅是因为时机恰当，也因为他不是盲目地预测，而是很好地说明了历史中存在且当下也正在发生的现实情况，马尔萨斯的理论是现实理论。

第二，是神学层面的问题。抑制人口的方法中增加道德抑制，就把世界变成了罪恶和压抑的世界，有人批判说那样的世界与造物主的善意背道而驰。因此，虽然马尔萨斯主张神赋予人类道德上的抑制义务，但是对这种观点的批判还远不止于此。特别是批判晚婚有违《圣经》的教义。

第三，是关于人口增加的讨论问题。每次修订《人口论》时，马尔萨斯都主张正是因为美国没有抑制人口，所以人口明显呈几何级数增长。但是对此论点出现了多种批判。特别是根据葛德文的说法，大量的移民也导致了美国人口增加，这一原因可以说是社会性原因。

这意味着这种理论只注重了自然增长，而忽视了社会性增长。

代的变革，所以人口问题也就不是紧迫的问题了。

第五，是谴责贫民的问题。书中说部分居民贫穷是他们自己的责任，主张废除《济贫法》，特别是主张新婚夫妇不适用《济贫法》，引起了很多人的反感。批评者认为，当时英国大众的悲惨状况，与其说是他们自己的责任，不如说是富人的奢侈和对贫民征收过重的税金造成的。

第六，是关于控制人口的方法。控制人口的方法有很多模糊的地方。即使同样是积极抑制作用，战争可以由人类来控制，而洪水和饥饿是人类无法控制的。批评马尔萨斯的人对道德的抑制方法持过于悲观的看法，是因为他们忽视了人性更光明的一面。也就是说，虽然神职人员自发地过着禁欲生活，但是普通人也没有理由不能过禁欲生活。

马尔萨斯有哪些"遗产"

到目前为止，我们了解了世人对《人口论》的批判内容。与预言不同，从现在社会还是一如既往维持在稳定的状况来看，马尔萨斯对人口增加的预测走偏了。虽然他的理论因为走偏了而令人惋惜，但人类在发展中生存下去是一件值得庆幸的事情。

那么，现在就让我们来了解一下《人口论》对人类社会做出了怎样的贡献，发挥了怎样的影响，以及有哪些经济学家受到了影响。

第一，《人口论》留下的问题主要是关于人口增长和粮食供应的主张在此后的历史过程中的实践到底是什么情况。19世纪西方各国的总人口每年增长1%左右，但产量也随之扩大，并没有出现像我所主张的，因粮食供应的限制而抑制人口增长那样的情况。

人口并没有以几何级数增长。而且，粮食生产及供给也出乎意料地没有像预计的那样见底。穷人可能还过着悲惨的生活，但与马尔萨斯提出的理由无关。英国人和美国人仍然吃得更好，过得更好，和平地生活着。

那么，为什么当时对人口增加和粮食不足的看法如此悲观呢？

最重要的是，他忽视了医学的发展、农业革命（Agrarian Revolution）和工业革命的影响。18世纪欧洲的农民们学会了提升粮食生产量的惊人方法。

> **农业革命**
> 英国从16世纪开始到19世纪初，建立了近现代土地所有权制度，实现了农地使用合理化，农业生产率飞速发展。由于农产品品种改良、采用轮作以及各种农业器具的发展等，粮食生产划时代地增加，这被称为农业革命。农业革命是工业革命的预备阶段，同时为工业革命奠定了物质基础。

与20世纪初相比，18世纪初欧洲的农业生产率实在是惨不忍睹。但是在1700年到1800年间，英国的农民人均农业产量增加了近一倍。尽管法国发生了法国大革命，也参与了美国独立战争，但在我出生和《人口论》第一版出版期间，农业产量还是增加了25%左右。

农业产量之所以能增加，是因为轮作、种子改良、农具改良以及用马代替牛耕作从而将耕地的时间成本减少了50%等几项农业生产技术革新。特别是在1750年，随着农业生产率的快速增长，英国的粮食可以自给自足，英国开始向海外出口高达13%的过剩谷物和面粉。

一个国家的农业发展了，原来从事农业的人口就会流入城市或转移到非农业领域。1760年，英国农业人口占总人口的75%。但到1840年，农村人口急剧减少到25%。

当今，在美国，只有少数人口从事农业，尽管如此，美国农业不仅养活了美国人民，每年还能向海外出口数百万吨的粮食。与预测的不同，粮食产量并没有以算术级数增加，但粮食生产也并没有阻碍人口增长，反而助长了人口增长。

当然，这并不是说人口增加或出生率就是以几何级数增长的。当时在研究人口统计调查资料的时候，没有想到人口会因为死亡率的减少而增加。自1740年以来，欧洲农业革命带来的粮食产量增加、保健卫生和医疗的发展，使人口死亡率大幅下降。在18世纪，医生们不仅无法治疗前来治疗的患者，反而常导致患者死亡。但是随着时间的流逝，这种情况逐渐得到了改善。

18世纪，欧洲人的预期寿命只有30岁，1850年增至40岁，1900年增至50岁。到了现代，人类的寿命已经超过了70岁，接近80岁。

这得益于农业革命,粮食产量从起伏较大到趋于稳定。在英国,《人口论》出版前100年发生的那次大饥荒是有记录的最后一次大饥荒。

> **绿色革命**
> 到1960年,以美国为中心的大米和玉米等产品改良得以推进,因粮食不足而经历困难的发展中国家积极学习,世界农业生产量划时代地增加了。绿色革命指的是发展中国家粮食产量的划时代提高,或者为此进行的农业上的各种改革。

从历史上看,在许多发达国家,限制粮食供给增加的收益递减律因技术进步得到了完善。人类的生活水平反而不断提高。今天的绿色革命(Green Revolution)使收益递减律变得毫无意义,也意味着《人口论》脱离了当今的现实世界。

马尔萨斯对于人口增加和粮食生产的假设,是以人口快速增加、粮食增速缓慢这种两极端的条件为依据的,所以非常悲观。这种主张的本质是，依据粮食生产的极限，指出人类发展的极限，最终强调抑制人口增长。但是，这种本质主张由于经济的发展而失去了说服力。马尔萨斯完全没能预料到工业革命后的物质发展和技术发展。

第二就是在未来成为新马尔萨斯主义的限制生育问题。虽然主张道德上的抑制，比如推迟结婚，即通过晚婚抑制人口，但是在实践过程中，大多还是以抑制出生的政策来减少人口的增加，也就是限制生育。

限制生育的目的原本是想让贫民阶层更多地考虑到自己的责任从而减少生育。但实际上，减少的不是贫民阶层，而是近代小市民阶级的家庭人口，为什么呢？

正是因为小市民们率先意识到资本主义生

产引起的经济变动的严重性和生活的不稳定性，由此扩大了限制生育运动。这说明限制生育并不是为了控制人口，而是为了提高自己的生活水平。

第三，社会制度与人口变动的关系。我认为，向往平等的社会反而会导致人口的增加，使人口抚养变得困难。发达国家的人口抚养能力很强，但出生率下降，与人口增加的预测相反，低出生率反而成为问题，但发展中国家的人口增加成为现实问题。

对于发展中国家来说，社会制度的改革很有可能会带来生活水平的提高、消费水平的提高以及随之而来的人口加速增长。最终，社会制度的改革可能成为导致人口增长的新的导火索。这与反对《济贫法》有共通点。

残忍的非人性 vs 另一种人间爱

但是,之所以主张采取如此极端的人口抑制政策,应该另有原因吧?

写马尔萨斯人物传记的作者詹姆斯·博纳尔说:"马尔萨斯是当时受到最严厉谴责的人,对此拿破仑都不敌马尔萨斯。他是支持小儿麻痹症、奴隶制度和杀害婴儿,指责免费餐厅、提前结婚、教区贫民救济金,宣扬家庭制度的不道德后,却厚着脸皮结婚的人。"

指责那些呼吁世人少生孩子的人是理所当然的。但马尔萨斯既非装模作样的人,也不是怪物。主张废除贫民救助金,反对为工人建设住宅,都是事实,但这一切都是出于真正希望贫民阶层获益。这与主张让穷人在街上平静地死去的理论家们的观点不同。

因此，与其说这种主张冷漠无情，不如说这样的主张更有逻辑。根据这个理论，世界上最根本的问题是生活着太多的人。所以他认为，所有使结婚提前的制度都会让人类更加不幸。

你也可以说让风餐露宿、无家可归的人依靠别人的慈善苟延残喘地活着也挺好。但是这样一来，贫民阶层的家庭人口又会增加，最终，这样的慈善实际上可能会成为残忍的利剑。

作为从事牧师职业的人却主张控制人口的方法，这太残忍了吗？大家也许会认为马尔萨斯是一个无情的人，但他的支持者会认为《人口论》的主张才是另一种人间爱的表现。

通过本章内容，大家想把马尔萨斯评价为什么样的人？无情的人，还是人间爱的守护者？

受《人口论》影响的人们

在前文中，我们了解了几点对《人口论》的批判。但也不能说《人口论》对人类社会完全没有做出任何贡献。那么《人口论》对人类社会做出了什么贡献呢？

从历史上看，在发达国家，限制粮食供给增加的收益递减律通过技术进步得到了改善，人类的生活水平也不断提高。今天的绿色革命使收益递减律变得无意义，也使《人口论》的主张不能适用于现实世界。但也不能忽视或否定《人口论》的贡献。

《人口论》最早将18世纪后期有关人口的短篇著作进行了系统化，对当时的人口政策产生了巨大的影响，在这一点上可以说是做出了巨大贡献。

特别是今天发展中国家的人口增长率超过了经济增长率，生活水平落后，这被认为是马尔萨斯式的人口问题。作为将人口增长率控制在经济增长率以下的手段，许多发展中国家至今仍在使用计划生育等政策，这也被称为"新马尔萨斯主义"。

他的思想符合社会统治阶级的利益，因此对穷人来说较为无情，对既得利益者来说却是伟大的思想。马尔萨斯的预言虽然没有成功，但是因为工业革命初期的工资水平很低，所以也被用来解释生存工资理论。

生存工资理论

是指人类需从劳动维持生活,所以工资就是保证生活水平的最低金额,可以理解为当今的最低生活费这一概念。

达尔文

作为英国的生物学家和哲学家,他在《物种起源》中提出进化论,主张集体经过几代人的进化改变特性,揭示新物种的诞生的规律,震惊了世界。当时社会普遍认为地球上的所有生物都是由神创造的,这种新的观点推翻了这种认知。

从《人口论》中获得灵感并奠定理论基础的,有《物种起源》的作者达尔文(Charles Robert Darwin)、《资本论》的作者马克思(Karl Marx)和《就业、利息和货币通论》的作者凯恩斯(John Maynard Keynes)。

达尔文说马尔萨斯的人口法则给他带来了自然进化过程的灵感,并在他的自传中写道:"1838年9月,是我开始系统研究的第15个月,偶然读到了马尔萨斯的《人口论》。我对动植物生活习惯进行了长久观察,立即就想到,为了长久生存而展开斗争的整体变化得以保留，而不适宜生存的变化会被消灭，结果可能是新物种的出现。正好我找到了这个理论，可以将它用于工作。"暗示受到了马尔萨斯的直接影响。

马克思比任何人都更强烈地反驳了马尔萨斯。他反对工人要自己为贫困负责的观点。认为这是不去寻找资本主义生产方式的错误，愚蠢地把工人处于困境的原因归结于繁殖过程。

但他的理论起源于马克思的普遍过剩生产理论和凯恩斯的有效需求（effective demand theory）理论。英国资本主义发展的过程中，有时会生产超出所有消费者购买需求的商品，导致了供求之间的

有效需求
凯恩斯将消费、投资、政府支出、出口等具有购买力的需求称为有效需求，有效需求的大小决定平均国民收入水平，这被称为有效需求原理。有效需求过多就会引发通货膨胀，有效需求太少就会导致失业增加。

巨大差异。这样一来，资本家就找不到能投资的地方，资本过剩，从而面临严重的经济不景气，最终会引发供应过剩带来的恐慌。

生产过剩的主要原因有人口增加、资本积累、土壤肥力增加、节省劳动力的机器的发明等。以上带来财富的原因，虽然使供给增加，但需求没有增加，财富也就不可能持续增长。马尔萨斯认为，供给的增加导致有效需求的不足，导致了一般的生产过剩。

增加有效需求是解决生产过剩的有效办法。对策是：

①土地财产分割：创造大量需求者→有效需求增加。

②扩大商业、贸易：扩大市场。

③增大非生产消费：为了保障有效需求顺

利发展，拥有土地的地主的消费需求必不可少，要使地租的源泉——农业和制造业相平衡。

马克思在英国的经济理论中第一次从资本主义体制内部存在的问题中找到了原因，承认了危机的可能性，承认了普遍的生产过剩论。凯恩斯把马尔萨斯的想法发展成了系统化的有效需求理论。

出版后立即成为话题！
人口论
by 马尔萨斯
如果不阻止人口增长，人类将会灭亡。
你读《人口论》了吗？真的很令人无语啊。
让我晚结婚，正合我意。
노총각
目前为止，人口以几何级数增长了吗？没有啊。
说贫穷是他们自己的责任？说要废除《济贫法》？毫无人性！
都说了要通过禁欲、战争、疾病等来遏制人口，人类才能生存！
这是误会。
我其实是真心照顾贫民利益。
我与你持有不同意见，人类的生活水平会随技术的发展而提高。
但是我的主张极大影响了当时的人口政策和许多发展中国家的计划生育政策！
请不要忘了，达尔文、马克思、凯恩斯等学者也都参考了我的理论。

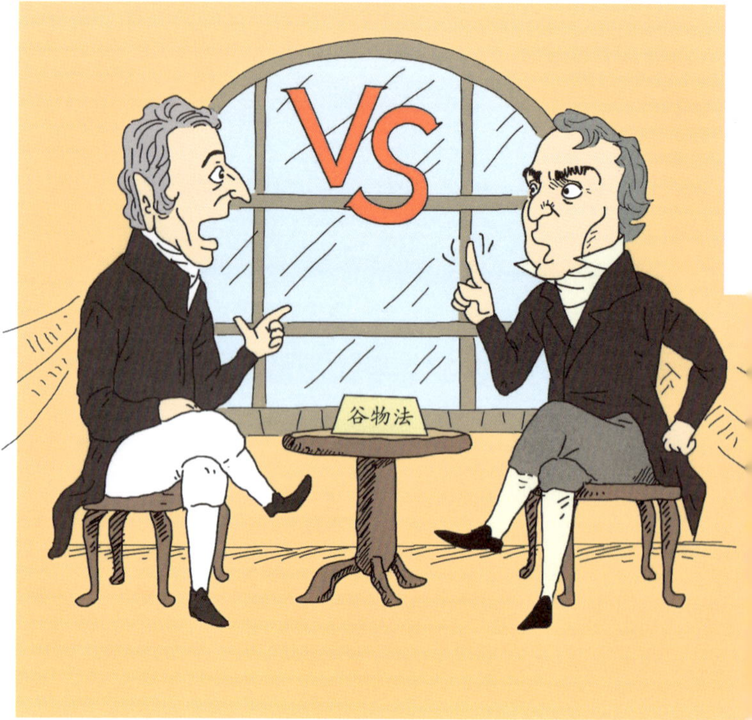
VS
谷物法

第四章

与李嘉图关于
《谷物法》的论争

  理论通常反应当时社会的主流观点。马尔萨斯的理论也形象地反映了当时主流地主阶级的政治经济利害关系。与李嘉图关于《谷物法》的论争就是拥护地主阶级利益的代表例子。让我们通过这一争论了解一下为什么马尔萨斯代表地主阶级利益,李嘉图代表新兴资产阶级的利益。

《谷物法》论争的时代背景

李嘉图是马尔萨斯的好朋友,但是他们俩的出生背景和社会地位大不相同,彼此的社会利害关系也就不同。因此,主张的内容也有很大的差异。在了解本章的主题"《谷物法》论争"之前,先来了解一下当时的时代背景。

李嘉图所处的时代是英国的工业革命时期,该时期广泛采用了新的机器,工厂生产急剧增加,成功地代替了以前的工业——手工业、家庭手工业、制造厂。如果说亚当·斯密是制造厂时代的经济学家，那李嘉图就是工业革命时期的经济学家。李嘉图将采用新机器和劳动技术生产率上升引起的工业产品价格急剧下降现象与多种事实联系起来，并在自己的劳动价值论中加以推广。他在分配理论中，特别是在地租理论中，探究了随着工业发展的初见成效而展开的资产阶级和地主阶级之间尖锐的阶级斗争。

当时的英国工业革命飞速发展，法国大革命、拿破仑战争和英国的大陆封锁等事件频发，也就是说，在该时期，资本主义逐渐确立的同时，内部矛盾也逐渐显露，法国革命、工业革命、工人阶级的壮大、英国的资本家和地主斗争激化。

在工业方面,机器代替手工劳动;在经营方面,机器大工业代替工场手工业(Manufacture);在农业方面,随着工业的发

> **工场手工业**
> 指16世纪中叶到18世纪后期特有的工业生产方式。受雇于资本家/老板的多数手工业者集中在一个作坊,在老板的指挥下从事工业生产的经营模式。包括从雇佣人数不到10人的小规模工厂到超过1000人的特权工场手工业。

展,城市人口激增,对农产品的需求增加,谷物价格上涨,凭借符合双方利益的谷物价格和技术发展,资本主义农业获得发展,发生了第二次圈地运动(Enclosure Movement)。随着工业和农业的这种发展,以前的小规模生产者失去了生产手段,农民们被逐出土地,沦为失业者,大量涌入城市。受这种严重的社会问题刺激,出现了财富分配的问题。在探究该问题时,与试图从时代的支流中把握问题的马尔萨斯不同,李嘉图从主流中把握问

题，因此可以说他是古典经济学的集大成者。

马尔萨斯和李嘉图，最后的胜者是谁

那么，让我们来看看马尔萨斯和李嘉图有关《谷物法》的意见分歧。实际上，马尔萨斯代表地主阶级利益，而相反，李嘉图本人是拥有土地的地主，却代表新兴资产阶级的利益。

首先，让我们一起来了解一下这场论争的背景。

马尔萨斯和李嘉图关

> **《谷物法》**
> 是英国从12世纪以来为了保护地主阶级的利益而限制粮食进口的法律。该法律在英国人口增加和拿破仑战争中大陆封锁令导致粮食不足的18世纪末叶和19世纪上半叶成为政治争论的焦点。后来，由于自由贸易派的反对，《谷物法》于1846年被废除，这意味着新兴资本家（制造业者）战胜了地主阶级。
>
> **拿破仑战争**
> 拿破仑战争（1799—1816）是法国在拿破仑一世（Napolon Bonaparte）的指挥下，与欧洲各国的战争的统称，拿破仑与欧洲各国展开了60多次战争。

于《谷物法》的论争,始于拿破仑战争接近尾声时期,随着从大陆进口谷物的增加,谷物价格下降,英国议会重新修订了限制谷物进口的法案。

18世纪中叶以后,英国变为粮食进口国,为了保护国内的粮食,制定了鼓励进口外国粮食的《谷物法》,随之而来的是国内谷物价格下降,地主利益大大受损。

地主们为了挽回损失,向议会施加压力,在1773年促成了《谷物法》。与原来制定《谷物法》的目的不同,这一次是限制谷物进口。这是为了维护地主阶级的利益而制定的,为了在国内维持一定的粮食价格而限制粮食进出口的法律。该法律规定,只允许进口每夸特[①]超过

[①] 夸特,又名夸脱,英美制容量单位,等于加仑。——编者注

48先令的小麦,后又于1791年将最低价格提高到54先令。

拿破仑战争爆发后,英国的粮食状况更加恶化。1795年,适逢荒年,谷物价格急剧上涨,1812年,谷物价格暴涨至每夸特小麦120先令。但是,由于拿破仑的大陆封锁被解除,且次年农作物丰收,粮食价格下跌,1815年跌至每夸特67先令。

大陆封锁

这是拿破仑一世对正在进行工业革命的英国进行经济封锁,然后通过让欧洲各国与法国通商来支配欧洲经济而采取的政策。1806年11月,拿破仑让从俄罗斯到西班牙的欧洲各国禁止同英国的贸易往来。1810年俄罗斯重新开始与英国贸易后,拿破仑果断远征俄罗斯,试图攻打俄罗斯,却惨败于俄罗斯手下,逐渐走向没落。

在此过程中,掌控议会的地主阶级通过抑制廉价谷物进口来阻止国内谷物价格下降,以所谓的"保障高地租收入"的名义,在1815年2月修订了《谷物法》。这一新的《谷

第四章　与李嘉图关于《谷物法》的论争 ◆ 89

物法》依据1773年的《谷物法》，规定从1815年5月开始，只有在每夸特80先令以上的小麦才被允许进口，且进口的谷物也被征收高额关税。

该法律是为了阻止拿破仑战争后从法国、乌克兰、黑海沿岸等国家和地区进口廉价谷物，反映了地主阶级的利益。

如此更改《谷物法》，是谁获益了？又是谁利益受损了呢？

《谷物法》的修订保障了地主阶级和农业资本家的利益，消费谷物的普通市民和因谷物价格上涨而需要支付更高工资的资本家却遭受了巨大损失。另外，由于反抗英国限制粮食进口的政策，欧洲大陆各国都限制了英国商品的进口，使英国工业资本家的商品出口销路受阻，不得不蒙受巨大损失。最终产业资本家展开了主张废除《谷物法》的运动，在这种情况下，马尔萨斯主张保护地主和农业资本家利益的贸易保护论，李嘉图主张保护新兴资本家和普通市民利益的自由贸易论，鼓励谷物进口自由化。

> **贸易保护论**
>
> 为了保护和扶持一个国家的产业，国家应该积极介入并限制进口。主张贸易保护的核心理由是，保护幼稚产业（成立不久，处于发展初期的产业）、稳定国民经济和保障国家安全、稳定国内就业等。贸易保护的政策包括关税壁垒和非关税壁垒。
>
> **自由贸易论**
>
> 也就是说，国家不限制出口或进口，这对国家和国际都有利。自由放任贸易，世界各国就可以生产并进行贸易，从而有效分配资源，实现国际分工的利益。

就这样，就是否废除谷物法，马尔萨斯和李嘉图发生了激烈的争论。

那么，具体了解一下两人的主张吧。

首先，谷物进口限制论给地主阶级的社会功能赋予了道德上的正当性。

第四章　与李嘉图关于《谷物法》的论争

马尔萨斯主张"地租不是单纯的名义价值，也不是白白地从一群人转移到另一群人身上的有害价值，而是所有国民财产价值中最真实、最本质的部分。"另外他还说道："我不认为工业人口的比例过高对国民有好处。"以及"从底层阶级人口长久的幸福和避免社会动荡观点来看，我认为即使牺牲了一定程度的工业发展，也应该和农业步调一致。"

限制粮食进口的原因：第一，粮食是国民生活的基本必需品，依靠外国进口很危险。第二，谷物价格的下跌阻碍了国内的土地耕作，使地租下跌，破坏了农业资本。第三，谷物价格的下跌降低了实际工资，使工人生活困难。第四，谷物价格下跌会使其他物价同时下跌，导致经济停滞，事实上对资本家也没有好处。

基于这些观点,马尔萨斯认为通过自由贸易获利的人只是资本家中从事贸易业的极少数人。

相反,李嘉图认为,工商业是国家经济的动力,产业资本家的利润增加是经济发展的源泉。谷物的自由进口不仅可以给工业资本家带来利益,还能给工人提供工作岗位,给农业资本家提供新的投资机会。

李嘉图强调说,在长期的经济发展过程中,商品价格、工资、利润和地租发生变动的原理,是谷物价格上涨增加了非生产性地主阶级的收入,减少了资本积累的源泉——利润。

李嘉图把商品价格、工资、利润和地租的变动原理分为三个阶段进行了说明。

第一阶段,在劳动生产率极低的时候,全部产品都要充当工资。第二阶段,如果资本积累到一定程度，劳动生产率提高，劳动产品中的一部分作为工资支付，剩余部分作为利润，工资和利润就会形成相反的关系。第三阶段，如果资本积累和人口增长到了一定水平以上，不可避免地要耕作劣等土地，在劣等土地上获取同一产品需要更多的资本和劳动投入，投入最劣等土地的资本也会得获得平均利润，因此利润率下降；在优等土地支出的工资和利润也还有收益，形成地租。最终，随着劣等土地的耕种，出现了利润下降、地租上升的倾向。

李嘉图为了解释谷物价格的变动对整个经济的影响而主张自由贸易，他认为谷物自由贸易造成谷物价格下降，通过名义工资的下降，增加利润，

> **名义工资**
> 是指工人出卖劳动力获得的以一个国家通用的货币量表示的工资。与此相对应的是，以实际能够购买到的商品量表示的工资被称为实际工资。

社会更加繁荣。

当李嘉图呼吁自由贸易的时候,工人们正用工资的一半购买谷物面包。因此,阻止廉价粮食的进口,对工人和雇主(资本家)都是一种损失。此外,主张贸易保护的人没有考虑到向其他国家销售更多的商品会增加更多的工作岗位。李嘉图认为地主阶级的利益总是和其他阶级的利益对立的,这引起了地主们的不满。

让我们总结一下马尔萨斯和李嘉图的观点吧。

首先,马尔萨斯主张维持《谷物法》,支持贸易保护,认为外国粮食进口→谷物价格下降→工资下降→国内需求减少→萧条(一般生产过剩)→地主收入减少→国内需求减少→经济衰退。

> **爱尔兰饥荒**
>
> 1847年，爱尔兰人受英国人的剥削，被抢走了许多粮食，他们的主食土豆也遭遇枯病，导致没有东西可吃。全部800多万名爱尔兰人中有200多万人死亡，幸存者中又有200多万人移往海外，最终导致爱尔兰人口减少了一半。

其次，李嘉图站在产业资本家的立场上反对《谷物法》，支持贸易自由。李嘉图认为自由贸易→谷物价格下降→名义工资下降→利润增加→资本积累。通过该过程，就业机会增加，工人生活条件改善，工业发展，促进经济繁荣。

那么，关于《谷物法》论争的胜者是谁呢？

关于《谷物法》的论争随着1846年《谷物法》的废除而结束了。那时李嘉图已经去世了23年。以爱尔兰饥荒为契机，罗伯特·皮尔（Robert Peel）首相提出了废除《谷物法》的法案，随后议会通过决议。最终这场斗争以产业资本家的胜利告终，成为贸易自由体制确立的契机。随着《谷物法》的废除，英国流入大量外国的廉价小麦，在19世纪中叶，面包的价格下降到原来的三分之一，以工人为中心的国民生活水平上升，但是农业停滞不前，到1880年左右开始衰退。

这是在工业化过程中，新兴资本家及普通市民对安于既得权的地主及农业资本家的胜利，也是李嘉图的胜利。

这像话吗？
公告
《谷物法》修订
只有在小麦每夸特80先令以上时，才允许谷物进口，并征收高额关税。
——英国议会
如果从国外进口廉价谷物，会破坏国内农业资本，经济会停滞。
喂，你不知道工人们用一半工资买面包吗？如果阻止廉价谷物的进口，难道不是只有有土地的地主受益吗！
粮食依存于外国简直是荒谬！
贸易自由反而对全体国民都有利！
爱马会：
喜爱马尔萨斯的地主的聚会
我们支持马尔萨斯！
坚持《谷物法》！
废除《谷物法》，贸易自由万岁！
爱李会：
喜爱李嘉图的新兴资本家的聚会
两人的《谷物法》论争随着1846年废除《谷物法》而告终。
李嘉图胜！
没能应对工业化，只安于既得权了……
朋友，我输了。
这不是理所当然的吗？
洋洋得意

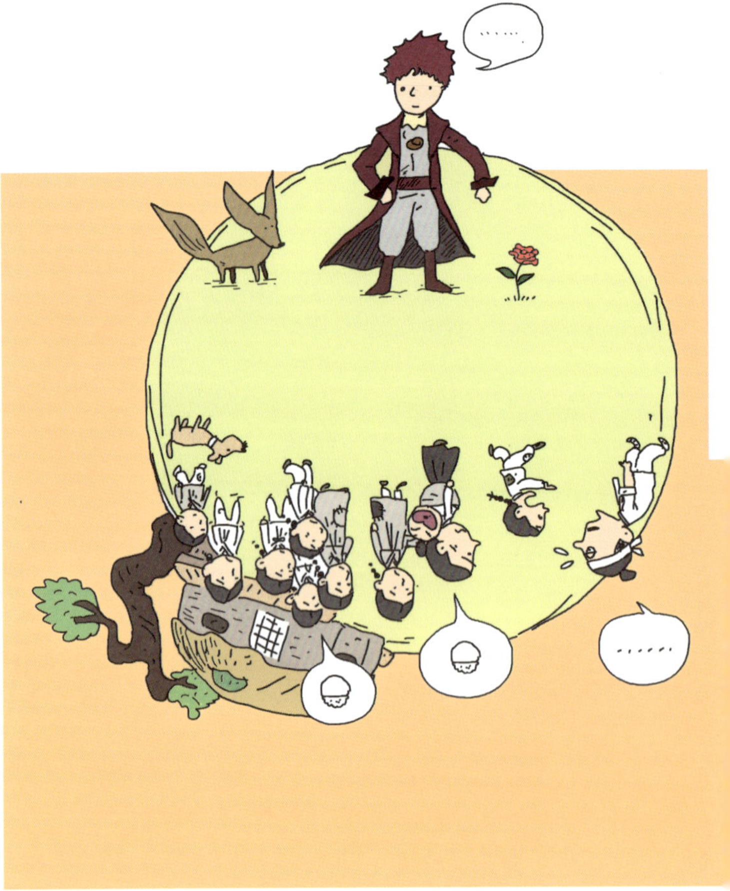

第五章

低出生率的现实问题是什么

　　《人口论》的核心主张是，人口的增长速度比粮食供给要快，因此人类永远都无法摆脱贫困的束缚。但现实是，在包括韩国在内的大部分发达国家，人口过剩不是问题，低出生率导致人口增加缓慢才是非常严重的问题。只有一些发展中国家为人口问题大伤脑筋吧？在这一章中，与马尔萨斯的预言不同，让我们来看看低出生率问题为什么被认为是严重的社会问题，以及有没有解决低出生率问题的妙策。

为什么低出生率的问题比人口过剩更严重

马尔萨斯从人类和动物共同的食欲和性欲这两方面来解释和预测人类社会。他认为，人类的动物本能之一的性欲强烈到无法忍受，但与此相反，满足人类另一动物本能，食欲的解决方案——粮食却受到自然力量的严格制约，这是不可否认的事实，人类的悲剧由此开始。

如前所述，《人口论》的核心内容，是由于

人口增长速度比粮食供应速度快，人类永远也摆脱不了贫困的枷锁。但现实是，在包括韩国在内的大部分发达国家，人口过剩不是问题，反而低出生率导致人口增加减速才成了严重的问题。现在，可能只有一些发展中国家在为人口问题大伤脑筋吧？

本章我们一起来了解一下，与预言不同，低出生率问题为什么被认为是严重的社会问题，

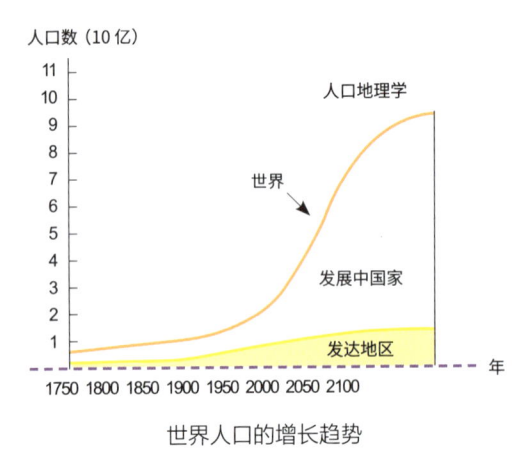

世界人口的增长趋势

以及有没有解决低出生率的方法。

当今的大多数国家，都与《人口论》中指出的"人口在不受限制的情况下会以几何级数增长"不同，反而是因为低出生率、老龄化问题陷入了深深的苦恼之中。自人类自诞生以来，人口持续增加，只在战争时期或者传染病扩散等外部因素作用的时候大幅减少。但是今天，即使没有战争和传染病的扩散，人口也在减少，尤其是在韩国、日本、欧洲等地，低出生率和老龄化的问题很严重。其实人口多是个问题，人口少也是一个问题。人口问题其实与统计无关，而是民族及宗教的对立、粮食和能量的不足、环境破坏等多种问题综合作用的结果。

了解一下韩国的低出生率问题吧

> 2004年韩国的合计出生率为1.16人,是世界最低水平。韩国是全世界出生率最低的10个国家之一。

韩国的低出生率正在成为日益严重的问题。20世纪60年代,韩国的总和生育率为每名女性一生平均生育的子女数为5人以上,1970年为4.53人,但由于持续实施"家庭计划"[①],1983年减少到2人以下,此后一直稳定在1.6人的水平,但2004年、2005年、2007年、2009年分别为1.16人、1.08人、1.25人、1.15人。在经济合作与发展组织(OECD)国家中处于最低水平。

另外,1970年新生儿数达到100.6645万人,1980年降至86.2835万人,1990年降至64.9738

---

① 20世纪60年代,韩国政府提出"家族计划事业",提倡"一对夫妻一对娃,生儿生女都一样"。

万人，2000年降至63.4501万人，2005年减少到43.5031万人，2007年是金猪年，曾短暂增加，2008年再次降至46.5892万人，2009年降至44.5200万人。

那么，导致低出生率的原因是什么呢？

出生率下降是人口学、社会经济、文化等多种因素造成的。

第一，从人口学角度看，导致出生率降低的最主要原因是初婚年龄推后。1972年，男性初婚年龄是26.7岁，女性初婚年龄是22.6岁，到2008年，变成了男性31.4岁，女性28.3岁。其原因可能是很难找到稳定的工作，导致年轻人的经济独立被推迟，结婚准备的时间也变长。结婚时间被推迟，生育时间自然也就被推迟，育龄期缩短，生育子女数也只能减少。

另外，未婚人口的增加也是低出生率的重要原因。

第二，从经济角度看，出生率下降也是因为国家面临经济困难。在经济危机时，国家的社会福利支出从国家生活支出的优先顺序中被挤出，家庭中包括子女养育费用在内的整体支出增加，忌讳生育的倾向反而会上升。

而且，女性进入社会的比例扩大，真正到了结婚年龄的成年男女的失业率上升也是出生率减少的重要因素。出生率低下的其他经济因素中最大的原因是养育子女所需的保育费、教育费，特别是课外辅导费昂贵。

从某种角度看，低出生率实际上等于年轻夫妇拒绝生孩子。也就是说生孩子、养孩子很难的意思吧？

因此，可以看作是收入及就业不稳定、育儿支援基础设施不足、房价上升导致购房负担增加等多种因素叠加的综合作用，导致出生率降低。

第三，也有社会文化因素，一方面是工作和家庭不可能两全的社会氛围。职业女性很难兼顾工作和家务。韩国人以男性为中心的思考方式非常顽固，丈夫们往往认为家务或照顾孩子等是女性应该做的事情，所以往往丈夫一回家就一点儿也不帮忙，只让妻子做家务劳动。

文化因素的另一方面是，对结婚的认知和对拥有子女的必要性等价值观的变化，也是导致出生率低下的因素。堕胎和不孕、离婚率增加、家庭计划的影响也很大，特别是20世纪60年代以来实行的国家计划生育政策，即限制生育政策也导致出生率低下。20世纪60年代韩国制订了计划生育政策10年计划，免费提供避孕药，20世纪70年代开展了生二胎运动等。当时，如果孩子太多，甚至会被当作动物看待。

直到20世纪80年代后期韩国政府才停止免费提供避孕工具，1996年才彻底废除计划生育政策，到了2006年才意识到低出生率的危害，发布了《低出生率和老龄化社会基本计划》，鼓励生育。

现在让我们来了解一下出生率下降带来的社会问题是什么。低出生率引发的问题可能会对整个未来社会造成巨大冲击。

第一，劳动力供给减少、劳动力老龄化导致生产效率降低，可能导致未来增长动力基础崩溃。

第二，低出生率导致税收基础减少、社会保险缴纳的人减少，相反，由于老人的增加，社会保险支付费用增加，这很有可能给国家财政带来困难。

> 如果持续低出生率，能长期劳动的劳动力减少，增长潜力可能会弱化。

第三，低出生率造成国内需求减少、企业投资减少等，从而导致经济增长趋缓，个人的生活质量可能会恶化。低出生率最终会导致人口结构的不均衡，很有可能会带来很多社会风险和费用。

同时，面向婴幼儿及育龄女性的企业的生产或收益、保育设施及幼儿园的保障问题、小学/初中/高中/大学的学龄期人口、大学的合并、军队的征兵制度、消费及生产市场以及养老金和保险支出等国家发展方向也受人口变动的影响。

当然,也有提倡低出生率的观点存在。由于韩国人口密度高,有人建议通过人口减少来降低人口密度;解决城市人口过密的问题,有利于降低地价,改善居住环境及自然环境。

怎么才能解决低出生率问题呢?

在此期间,我们研究了出生率下降的原因及其社会影响,接下来就让我们一起看一下解决低出生率问题需要怎么做。

第一,为了降低初婚年龄,应该减少失业,大幅增加工作岗位。因此,为进入适婚年龄的年轻人创造稳定的工作岗位极为重要。近年来,20多岁年轻人中有许多无业游民,由于临时工的标准工资是每月88万韩元,因此他们也被称为"88万韩元一代"。韩国年轻人面临着不稳定的就业环境，这是当今的现实。

年轻人的经济独立似乎是促进初婚年龄提前的最重要的解决方法。同时要解决居住问题，即让包括全租价在内的房价稳稳下降，防止年轻人因为居住问题而推迟结婚。

第二，营造婚后工作与家庭也能两全的环境，以及改变固有认识，树立男女平等的职场文化，让女性能安心工作。另外要提供确保全职主妇也乐意生二胎或三胎的优质生育、保育及养育设施等环境，减少生育孩子的费用。如果不以只要生了孩子国家就负责保育及养育的政策为前提，就无法解决低出生率问题。

第三，建立公共教育以减少过度的课外辅导费用负担，减少多子女的教育费负担。年轻夫妇在生育和养育子女方面没有任何担忧，就是最好的鼓励生育政策。

第四，能解决低出生率问题的只有福利国家。法国和瑞典的生育率就远高于韩国。法国曾有一段时间生育率下降，但法国将生育和养育视为国家责任，并通过公共保育支援、延长男性和女性的生育休假、支付家庭津贴等奖励生育的政策克服了低生育问题。韩国也要趁早把发达国家的政策当作他山之石，走向福利国家，这样才能拿到解决这个问题的钥匙。

我的《人口论》的核心是，人口增速快于粮食供给，人类永远无法摆脱贫困。
现在
低出生率造成的人口增长钝化实在是太严重了。
韩国
日本
欧洲
初婚年龄提高
你不结婚吗？
我才30岁啊。你怎么这样？
养育和教育负担加重
生孩的话太辛苦了！
我们俩好好生活吧！
工作和家庭不能并存
我，或者工作，你只能选一个！
由于上述问题，出生率下降，照这样发展下去……
会导致人口结构不均衡，会加重社会的许多风险和费用。
养活我们！
低出生率问题的解决方案是什么？
要营造能生育和抚养孩子的环境，最终还得是“福利国家”，难道不是吗？

扩展知识

《增长的极限》

罗马俱乐部

罗马俱乐部是1968年4月由欧洲的政界、经济界、学界主要人士聚集于意大利罗马结成的研究未来的国际团体。

《增长的极限》（*The Limits to Growth*）发表于1972年，是罗马俱乐部（The Club of Rome）的经济学家、企业家和政客批判经济增长和科学的一环而发表的报告。《增长的极限》说明了经济增长对环境所产生的负面影响。它刚出版就成为畅销书，在国际上名声大噪。直到目前为止，它还被认为是关于环境问题的经典著作。该书以世界模型为基础，对经济增长进行了批判性分析，主要围绕五个问题展开。

第一，人口问题。人口年增长率持续增加到2.1%，而粮食产量却跟不上人口增加率。

第二，工业生产年增长5%，但生产资料消失的速度比工业增长的速度快得多。

第三，人口增加直接导致粮食需求的持续增长，因此，即使地球上的所有土地都被利用，最终能养活人口的粮食生产也会达到极限。

第四，不可再生资源的使用速度比人口和工业增长速度要快，最终只会枯竭。

第五，受人口和工业活动的影响，地球的环境污染只能越来越快。

综合这5个问题，如果目前的增长趋势继续不变，在未来100年内将达到增长的极限。也就是说，在有限的环境中，如果人口继续增加，随着工业化的持续深入、环境污染、粮食减少、资源枯竭，增长就会达到极限。

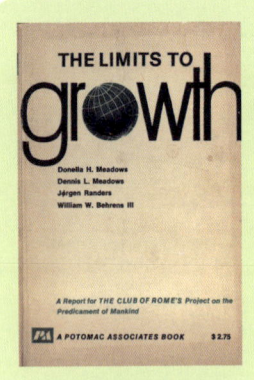

1972年罗马俱乐部发表的《增长的极限》报告书

《增长的极限》中引入了不正确的假设和资料，其分析结果的可信度受到了质疑。而且，还受到了以环境污染为基础发展起来的发达国家想把自己的错误转嫁给从未享受过增长果实的发展中国家的指责。也有人评价说，由于过分强调全人类的危机，无视资源不均衡等发达国家和发展中国家之间的差别性，歪曲了问题的本质。另外，有人批评说，对地球的未来和技术过于悲观。但也有评价称,《增长的极限》在20世纪70年代以后在加强全世界对环境污染的关注方面起到了决定性作用。

虽然《增长的极限》受到了许多学者的批评,但根据后来进行的许多类似研究,发现它所给出的结论并没有太大的错误。地球是有限的,只有有限的资源和生存空间。

结语

马尔萨斯的悲惨预言有效吗

马尔萨斯是世界上第一个热心地反对救济穷人的经济学教授。他的经济学说是用来维护地主阶级利益的,它一贯地攻击贫民和资本家阶级。《人口论》说贫困的原因不在于社会制度,贫困是神的旨意。

《人口论》的主张应该可以概括为以下三点:

第一,人的生计手段受到制约。

第二，允许使用生计手段时，人口以几何级数增加，而粮食以算术级数增加，这是自然规律。

第三，如果事先不适当抑制人口增长，人类就无法避免贫困。

《人口论》中的相关表述如下。

至少在粮食被分成能够生存的最低限度之后,无论生存手段的增加率如何,人口的增加都应该得到抑制,这是明确的事实。超出这一水平线出生的孩子,除非有成人死亡,否则就应该死……因此,与其愚蠢地妨碍自然带来死亡,还不如使其轻易实现。如果我们害怕饥荒这种可怕的灾难,我们就应该为了自然而努力准备其他形式的毁灭。不要劝告贫民保持清洁,而应该鼓励相反的习惯;城市的街道要修的更窄,家家户户都要挤更多人,要使传染病更容易传播;在农村,要在臭水池附近建村庄,尤其是要在不干净的高处定居。但最重要的是,要谴责治疗那些使人类消亡的疾病的行为。另外,应该谴责那些有着通过推进消除无秩序的计划来为人类服务这种慈悲而又错误想法的人。这样一来，如果每年死亡的人增加了……也许我们都可以在青春期结婚，几乎没有人会完全饿死。

——《人口论》

《人口论》的这一主张认为，人类是无法控制性欲的，从而生下了自己养不了的孩子，再通过饮酒、赌博、放荡来自找贫困。因此，人类的制度无法拯救这些人，而且即使我们不采取人为对策，神也会通过传染病、战争、自然灾害、饥饿等各种灾难来调节人口。当然，在启动这种冷酷而悲惨的人口抑制政策之前，我们可以预先控制人口。

例如，推迟结婚年龄、抑制性欲等，但因为人类的性欲太强，这种温和的人口抑制政策很难成功，所以普通大众永远也摆脱不了贫困。普通大众的生活水平如果高于最低生活水平，那么由于无节制的性欲，人口马上就会增加，如果人口增加超过粮食的可承受范围，那就不得不采用饥饿、战争等悲惨的抑制方法。

正如上述所讲，《人口论》有两个基本前提。一是无节制的人类性欲，二是满足食欲的手段有限。针对后者，从当时的角度来看，显然无法理解当今发达国家食物过剩、为减肥而抑制食欲的现象。当时的情况大为不同，适合耕种的肥沃土地不足，农业生产率不高，粮食生产方面不可克服的自然极限不断扩大。

但是，工业革命以后，资本主义社会的发展和他的预测截然相反。粮食生产和人口都快速增长，人均收入也随之增长。其结果就是，发达国家可以在不必担心粮食不足的情况下尽情满足性欲。事实上，他的主张无异于走偏了。其中一个原因，是我犯了一个错误，那就是低估了技术进步的影响。

自工业革命以来，人类的技术以惊人的速度发展，这是众所周知的事实。在发达国家，虽然粮食问题和贫困问题在一定程度上得到了解决，但也出现了新问题，其中能源资源枯竭和环境污染问题非常严重。

反映这一现实的就是来自罗马俱乐部的专家们的《增长的极限》。20世纪70年代，全世界爆发能源危机的时候，美国麻省理工学院的几位教授们以粮食生产、工业生产、地下资源使用量、人口增长率、环境污染物质排放量等五个变量为基础，制造了预测人类未来的复杂模型，在电脑中录入这些变量的全球资料，并进行了计算。结果表明，人类很难存活过100年。他们认为，如果不立即停止人口增加，自然资源的枯竭和环境污染将在不久的将来导致地球灭亡。技术的进步只会在时间上稍微推迟大灾难，而不会改变结果。这种压抑的判断被称为"新马尔萨斯理论"。但是，这一"新马尔萨斯理论"尽管受到批判，却并未受到关注。

其被批评的要点是：

资本主义市场经济有自动调节机制（无形的手），所以没有必要担心。一方面，如果自然资源出现枯竭的征兆，其价格就会自然而然上涨，如果价格上涨，需求就会减少。另一方面，随着节约资源技术和新能源的开发，其效果实际上相当于增加了资源供给。需求减少，供给增加，自然资源枯竭问题就不用担心了。但进入20世纪90年代，又开始出现不乐观的情况，令人想起马尔萨斯发出的有关大自然威力的警告。

最具代表性的例子就是大气层温度升高导致的全球变暖问题。据说，如果大气温度上升，南北极的冰川融化，海平面就会上升，到2100年海平面将上升1米左右，许多岛屿国家将被海水淹没，海岸城市将遭受巨大损失。除海平面上升外，各种异常天气、洪水、沙漠化、生态破坏等对地球造成的损失也将非常大。当然，对此并不是没有反对意见。从全球历史来看，不确定现在大气温度的上升程度是否真的可以被看作是异常现象，而且这只是地球空气循环运动的一环。

当今富裕的发达国家可以说是摆脱了我不祥的预言。粮食产量激增，人口增加率却大幅下降，反而要担心低出生率问题。但是，问题不就是马尔萨斯的预言仍然有效地适用于今天地球上大多数人口生活的亚洲或非洲国家吗？

不管怎样，马尔萨斯的一个重要成就是发现了危机的必然性。他是第一个指出资本主义从根本上是生产过剩体制，且指出危机的原因在于有效需求不足的人。他的这些逻辑对后世的许多学者产生了很大的影响。